AF276198

EL ALMA DE LOS DESIERTOS

EL ALMA DE LOS DESIERTOS

C. MICHELLE GONZÁLEZ

Valparaíso
EDICIONES

Número 526 de la Colección VALPARAÍSO DE POESÍA
dirigida por FEDERICO DÍAZ-GRANADOS

Diseño de colección y portada: Chari Nogales
Maquetación: Carlos Henson

Primera edición: enero de 2026

© De los poemas: C. Michelle González
© Diseño de portada: C. Michelle González

© Valparaíso Ediciones
C/ Fray Leopoldo, 7 bajo, 18014 Granada
www.valparaisoediciones.es

ISBN: 979-13-87538-98-9
Depósito Legal: GR 1789-2025

Impreso en España - *Printed in Spain*
Gráficas Gami

EL ALMA DE LOS DESIERTOS

Al primero que me sostuvo en brazos, a mi mayor
mecenas y al poeta que bebió escarabajos
A Raúl, José Manuel y Jesús

EXCAVAR

Entre los mil sueños fue alteza para ser mensajero

Entre los mil sueños fue sacerdote para soplar una margarita

Entre los mil sueños fue hombre para llorar

Entre los mil sueños donde fue una lanza para alcanzar el fondo

Entre los mil sueños donde fue faraón para confundir la lluvia por la nariz de un perro

Entre los mil sueños Ramsés escogió la piel de cordero para rasgar con su uña podrida el centro de la cueva que encerraba el aliento de los poetas de su tierra

Hace algunos
  años tan solo
juncos cascabeles
ermitaños
cacerolas de barro
repletas campanas
rodando en la
arena tiendas
acaloradas tan
solo un bocado te
hubiese bastado en
ese desierto hondo

Hasta hace algunos
  años

                    barro

            en la
arena, tiendas

riéndose
hombre descalzo
    bocado con
          oro y
alma
petrificándose
la boca, el pecho,
los catalejos
oxidados

Estúpidos mapas
  apretujados
  de insistencias
  allí
            una
  línea imaginaria

  esas tierras
  son la búsqueda
  del oasis   el
  eterno romance
  con la grieta

  el interior de
  tu tumba

  tu piel,

          el amanecer
  en la duna de
  Marruecos

14

(Advertencia incompleta al saqueador)

Llevo una cuarentena de
preguntas
no está el pulpo, pero sí sus
ventosas   él canta
sobre un banco de piedra como   A deshoras atravesé quince
las garzas   habitaciones dentro de
campos de papiros   la despensa, debajo de
        entre sus bolsillos, caracoles,   los balcones, entre las
            cangrejos o estornudos   cadenas de los baños, el
                ningún anzuelo,   manantial inundó el jardín
            hilo inquebrantable
                ropas finas   texturas   tinta de
de Babilonia   condimentos   calamar y el silbato de un
picantes y   olla   tren es lo que queda
orar

Papiro del Príncipe | Himno a la noche | Estela de las conquistas
en el sueño

El volcán, mi vientre,
La esfera de plumas de Horus
El dialecto de los ronquidos del Dios
Los pasillos diseñados por Imhotep
Madera llena de frutos
¿Qué es lo que está pasando?
Antorchas helándose
Donde la aurora inunda Edfu
Manteca de hiena sobre un comal
Un caballo real que al trabajar sin descanso quedó ciego
La barcaza de Nefer
Detrás de almacenes llenos de hierbas un trapecio
¿Por qué disputas con tu corazón?
Bebe arena
Trascripciones del mar, lenguaje para incordiar a los peces
Lava densa hecha pasta para resucitar aves
Detrás de las cortinas, un secreto
Transcripciones del seno de Nubia, lenguaje para invocar
    inundaciones
Antiguas fiestas
Hastiado plumaje
Incluso en los pasillos que huelen a la piel de un ánade, tu madre
    ocultó el último jarrón que contiene los cabellos de la diosa
Incluso en los pasillos que huelen a la piel de un ánade, tu madre
    ocultó la última jarra que contiene una moneda para despertar
    un océano

Transcripciones pintadas a mano lenguaje para hacer mortal al
    relámpago

RETRATO I

Los ojos de esfinge son el regalo de tu madre antes de perderse
entre las comisuras de las dunas

La nariz de Atum se ha vuelto a perder un escarabajo la ha
demolido ¿cómo es sino que del derrumbamiento de antiguos
dioses hechos piedra es que se abastece al desierto?

La boca de serpiente, esa línea que divide el alto del bajo reinado.
Arriba delgados campos de cebada y abajo los jardines de
Cleopatra

Tu torso fue paraje de aves

Tu sudor recordaba a todos que no solo eras hijo de Nut eras el
fruto de un enjambre de abejas

La piel al morir comenzó por cien años a volverse una daga que
desquebrajó los templos

Únicamente tu silueta aún vaga petrificando al ganado de las
caravanas que desesperadas pretenden interpretar tu escritura
en los cielos de agosto

Sembró diamantina cubierta de pólvora
Deshizo la fantasía de construir pirámides
Habló con un cactus desterrado
Intercambió un mono aullador por un violín
Era manco y sordo
Supo dibujar las espesuras del cuerpo
Era hielo a cuarenta grados
Amó recetar gusanos
Ordenó quemar sarcófagos
Atendió los llantos de las cortesanas, las traiciones entre
    hermanos,
descuartizó y llenó de diferentes ungüentos los pies de la
    familia del Sahara
Amplificó los tratados de remedios hechos con cáscara de
    huevo
Era alto y lleno de lunas
Presagiaba el nacimiento de la tempestad
Pernoctaba de martes a domingo
Era mi abuelo

Blackford,
luna llena
agosto despejado

Me dejó a la mitad de Edimburgo, antigua llanura donde los embalsamadores marchaban hasta encontrar a un mono cosiendo a otro mono la momificación viene de los babuinos sacando las pulgas

últimos recuerdos
        las ceremonias
de los jardines   aleteo de
las catarinas   posarse
sobre un puñado de arroz los
enterramientos
        y monedas con
retratos   sin
nariz   un calabozo
        pagar con saliva
heno mezclado
        clandestino
        Set Maat, el
pueblo de la verdad

19

Recorrió un pasillo arrastrando su túnica con las aves
del paraíso bordadas tres entradas y cuatro cámaras falsas

Inmensurable como el latido de una mariposa

Alguien de otra dimensión miraba camuflándose la pared de
gruesos bloques

dentro de una pirámide

Lámparas quemando negras
argamasas
la bruma un pasillo oval un acantilado y
una gran barca con su pueblo
un carruaje de pino, ruedas de nogal

¿dónde está el Nilo?

Piramidales jaulas
¿dónde está el hijo del Nilo?
Le preguntó clavándose en sus ojos
el río

RETRATO II

La lluvia sobre
tu barba negra,
carbonizada

Esa que nunca dejaste
crecer porque sobre
tu ancha espalda se
desdibujaban un par
de constelaciones.

La lluvia sobre
tu rizada y ceniza
cabellera

Odiabas las posturas
hieráticas de las
esculturas de tus
ancestros

Odiabas los días de
rituales largos y las
cuchillas en forma
de cuña que dejaban
virutas de barro sobre

las esquinas de tu
alcoba

La lluvia sobre la
barriga llena de hollín

Había una familia de
reptiles en tu jardín.
Un soplo de vida
equivaldría a una gota
extraída de la giba de
un camello

La lluvia sobre el
sarcófago de tu padre

Su negra piel no se
consumió sino hasta
cincuenta mil años
después, cuando
volviste a encontrarlo
en la sonrisa de un
cangrejo.

La lluvia sobre el
carbón encendido.

Eras tu propio
firmamento, afirmabas
ser hijo del viento
y amabas, amabas
estacionalmente,
amabas cuando no
era debido, amabas
cuando hacía frío,
amabas en el pórtico
de Horus, amabas
siendo tú, señor del
escalón

sobre la librería oculto

       el
Dios de las virutas se admirará   Ayer   hoy
ante un espejo largas horas   en una
      siseará como   hora aparecerá de nuevo
          viejas escrituras su   protestando
voz corrompida por mil   alma dentro de jarrones
tazas de café volverá a   envolturas
         invisibles   para conservar   la
audiencias   corriente de aire metiéndose
virutas solo

    hasta convertirnos en
pañuelos recién teñidos   aceite de ricino
pelusillas y escarabajos cuyos   eternamente
lomos aún pueden usarse   protestará y su protesta saldrá
para determinar si de un   escrita en copto en la corteza
embarazo saldrá un pulpo o   de un buhibab
una minúscula providencia

Antes de que la garza hubiese terminado su nido, cargados
de sandías y naranjas, los pueblos le ofrendaron dientes de
mamut. Semillas tostadas, hornos llenos de mazorcas azules,
vestidos traslúcidos, espejos de plata, anillos de las canteras
de Asuán

Cuando anocheció en Egipto una reina sonámbula tomó un
cincel y rescribió la historia los guerreros se convirtieron
en lirios y los perros en barqueros desde entonces quedó
prohibido esculpir paredes sin vigilancia

Las caminatas largas buscando lotos, los paseos invocando rutas
de agua, un campo de grillos recuerdo que arrastraste la
barcaza por el estrecho canal que desemboca al mar

Todo el trayecto escuchando únicamente la conversación entre
el remo y el agua

Le dejaste a una luciérnaga tus últimas palabras

Y antes de desaparecer mostrando los dientes llenos de
libélulas dijiste : "¿has comprendido el lenguaje de mi reino
eterno?"

El Cairo,
3 am
sequía

Me llamaron a media noche para resolver los conflictos de los
alacranes

Hubo una suave paliza esta mañana

Recolecté lluvia cruzando los pies y caminé por las izquierdas
zigzagueando

Ahora busco entre los largos telares de su majestad, un
imperial sello de goma y restos de veneno

Continúo luchando con el viento que me persigue en los
estados de vigilia

He de recordarme que de marzo a domingo converso con los
papagayos mudos

Las plantas del balcón saben a aposentos calurosos con té de
menta

Los números tres se aparecen regularmente ofenden mi
precaución deterioran mi amistad con Al Kindi o Jusimi

He de recordarme que de marzo a domingo la arena se vuelve
azul y en ella una garza oculta un huevo con una mujer
dentro

Preguntar es tragar saliva y despertar en medio de unas
    trincheras

Preguntar es tragar saliva y desabrocharse un botón meticuloso

Preguntar es tragar saliva para volverse pulcro relieve y rostro
    borroso

El faraón se precipitó sobre la calle delante de un mercado
    antes señaló con sus huesudos dedos el río era un cocodrilo y
    el cocodrilo era un niño

Entre la sección del pescado y los dátiles necesité saber quién
    era yo: la cabeza de un cerdo, una remolacha o un desafilado
    cuchillo rió tanto que escupió las siete bocas del Nilo

Las momias estornudan ranas

Las momias ríen cuando él dibuja búhos sobre los cuadros del museo

Las momias soledades escandalosas

Las momias emulan el paso de la diosa de los mil nombres

Las momias se vuelven sillas rotas

Las momias lenguas invisibles

Las momias y las osas son dos cartas debajo de tu manga

Las momias devoran los relojes

Las momias saben el secreto de tu amada señora

Las momias son cuevas profanas

Las momias van volando

Las momias golpean los huesos de tu apariencia sólida

Las momias y el vandalismo

Las momias hablan tanto como las herraduras

Las momias no lo saben todo

Las momias se evaporan al tercer día de lluvia

Las momias se disfrazan de primas

Las momias no entienden inglés

Las momias juegan a la guerra con los gusanos

Las momias son el escondite perfecto para el corazón del faraón que fue disecado ocho siglos antes de su gran enterramiento

secreto

ha dicho su nombre bajando una

impasible   coserse

trajes dorados

quinientos   años doce mil pares de
pigmentos mezclados con la lluvia   las tormentas
de arena   saqueadas   hundido en Dahab
agua   del aliento en   las carreras
de tortugas   mercado de Abu Radis corales

ella   caja luna

Estalló la guerra de las cigarras y el mar devoró la ruta de los
muertos

la prenda del faraón
en las líneas de su palma   *país liberado*
Egipto es una tejedora

del horizonte

[un canto robado para la momificación]

27

Al hilo
agua corriendo de entre sus pies y dedos lo interrumpe
un jabalí devorando una pila de recetas viejas papeletas con
jeroglíficos de un médico
que cura la carne desolada e inservible
a dos calles de la avenida principal una heladería
una anciana leyendo al humo las enfermedades y los nombres
de los pacientes cuenta ella que uno salió sin un diente otro
buena fortuna o el último caminó
dejando atrás el rasguño de la muerte
el carbón huele a tiernos granos de maíz dorado
mientras continúa arropándose en su túnica de hormigas el sol
y luna
peregrinan por la mayor avenida
hasta su portal de piedras blancas
las manos de él no se parecen a las tuyas en él la palma es un
laberinto
en las tuyas tus grietas dibujan un campo de luciérnagas
y neblina

TRANSCRIPCIÓN DEL SUEÑO DE RAMSÉS II

Anubis podaba mis cejas, teñía mis labios

[traed más vino anfibio]

Su madre expulsaba deliciosos gusanos de mis orejas

[recolectaba de su hijo el sueño torcido de otra madre]

Del subterráneo emergen parásitos

[uñas en forma de hoz]

Sus senos mecen las aguas de los enfermos

[decantan exprimen vacían]

Sacuden la tormenta de arena en la alfombra tejida con manos
  de hormigas

[los ancestros viajan sobre hojas lanuginosas]

Anubis se transforma en un niño

[el ánima de los egipcios es llevado en la cadena de su mano
  izquierda]

Su madre vierte azahar a las orillas de un abismo

[los ancestros viajan sobre hojas lanuginosas]

Borracho de anhelo
exhausto por suspirar
a esa mujer el día
quince del trueno trajo
un papiro azul que
en tiempos de Tetis
abanicaba el pecho
de la ninfa
recuérdame cómo la
luz viaja de tus
cabellos morenos
hasta tu aliento

Tú, abuelo, eres un
relámpago, yo no
temo

Cabellos peinetas y
gusanos un maletín
negro siempre
abastecía una central la
sonrisa era el refugio
de los moradores
de los desiertos la
montaña es la corona
de un desierto las
explanadas llenas de
sudor o las
explanadas llenas de
sudor o las alcantarillas
almorzando nubes
cada sitio es un punto
donde la aguja absorbe
al despistado y lo
transporta hasta la
montaña

Tú, abuelo, eres un
misterio, yo cada
mañana recolecto
lluvia

Todos los dedos
de tu pie izquierdo,
mi hombro,
mi clavícula
todos los dedos
de los árboles
incluso los granos
de arroz rotos los
recuperamos con
nuestro pacto con las
escaleras incluso si
uno llega a quedarse
como un muerto
untado en aceite
basta recordarte
para revivir a Egipto
desde cualquier
punto de la tierra

Tú, abuelo, eres
curandero, yo una
espiga en manos de
Ramsés III

Se soñó llevando flores en lugar de brazos

Se soñó acompañado por un peregrino un perro dos niños una
anciana embalsamadora

Se soñó el reflejo de una nube
        Se soñó serpenteando la sombra de un bebedero

El faraón soñó que su tumba se convertiría en la pesadilla de un
hombre pájaro

             soltándose

El faraón canta
     ocho
                         Se pasa
     perfuma canta   alimentando
                        cocodrilos
          manojo
de menta   vendajes
     oasis sin   bendice
palmeras   las aguas   lava
baile silencioso   cuencos con restos
          templo   de   los
de Isis   domingos   sacerdote

                        encierra en su   de
                        sarcófago   los antílopes

                        Duat   la antesala
                                  un   cuatro
                        puente   una
                        esfera   inscripciones

El periódico haciendo digestión

El periódico encogiéndose

El periódico Rimbaud, Lorca, Mutran, mi abuelo, el faraón

El periódico, tendedero de las excusas del mundo

El periódico para vivir eternamente

El periódico, cabeza de chacal, babuino, halcón

El periódico de esquina a esquina militando como un loco

El periódico, bonita tumba

El periódico, la llave de la vida tatuada en la mejilla

El periódico, ajenos labios, ajenas estrategias de guerra, ajenos
ajenjos

El periódico, cadáver en movimiento

El periódico contemplaba las vísceras

El periódico, setenta días

El periódico, plato, pluma, balanza

El corazón es el encargado de declarar en contra o favor ante
Ammit

Profeta o charlatán deletreo tus vendas, me arropo con tus túnicas verdes, aúllo junto a los escarabajos camuflados entre tus incontables pecas

Profeta o clown los ojos parecen un acantilado no más hondo que un vaso, un cristal de Alejandría, comerciantes de telas en el centro de Abu Simbel que cuentan pesados pendientes que destellan y pestañean

Profeta o flor me contó que las especias y los condimentos de niño lo llevaron a la locura, sazón de abuela mestiza, única receta oscura los masajes en el estómago a su nieto

Profeta del grano de arena, los nómadas del desierto provocan llamaradas enteras y construyen gigantescos templos, pero él es un lluvioso profeta con la pierna rota, corte chueco, mordedura injusta, piel con mil rutas de escape

Profeta sin calendario, conversábamos siempre en la tercera planta, volvíamos a las orillas a recoger pergaminos entre vecinos exhaustos por las murallas de la melancolía y bordeábamos telares de berilo

Profeta o médico aquí fue donde nos encontramos él y yo en este consultorio tragaluz entre los chillidos de soldados heridos, cajas de fruta, dientes de mamut, hasta aquí los huérfanos cruzaban el desierto para verte a ti

Profeta manantial me deja correr descalza entre los pasillos de alfombra roja me deja pisar la entrada de los sitios sagrados, lo exclusivo lo vuelve de mi dominio, me deja agotarme y llenarme las mejillas de harina

Todas las habitaciones con floreros le recuerdan a largas horas bajo el sol en el Cairo

Todas las habitaciones con ventilador de yuca a la madre que nunca vio

Todas las habitaciones con megafonía a salas de espera con vendajes para el olvido, cicutas para la infidelidad, bisturíes que atraviesan lo podrido

Todas las habitaciones ante él se transforman en un lucero que gira y continúa cayéndose en lo invisible, el cuerpo de una mujer desapareciendo en un horizonte árido

El suelo del templo de Nefertari es regado
por los cántaros de la memoria
cada noche ·

mirando
las ondas del mar

el poeta de los
Toco   pies zambullidos en

desenterrado llevo   al   Nilo   cuatro
catorce   cosechas   corren   los
                     caballos de   mar   manos   leyendo
          tengo   dejando   agua
hambre   su aroma en las   de azahar   noche
      Él   uñas del pequeño   creciendo con los
          lo   Bú   bambús
                      fuentes de la
busco   plaza   resuelto   Él es
          en   las   acertijo
mezquitas o debajo   tu   pecho   el Ganges
de   las   escaleras conserva la lengua
                  de   las   palomas
se disfraza de arroz que aprendieron a
                  volar

ERRAR

Hablar solo por la grieta de un muro, un error
Tu secreto al fuego, un error
Confundir sus senos con las dunas, un error
Un jueves en Turquía, un error
Donde preferí huir a ser tormenta, un posible error
Perfumarse con inciensos, un error
Todos los lugares que son mujer, un error
Los árboles que crecen en espiral, un error
Enterrarse con monedas en los ojos, un petulante error
A la mitad de un camino, tres errores
Saltar del aeroplano creyendo que la arena es una cama de
   plumas, un error
Las carreteras cortando un desierto, un error
También las cantimploras
los murciélagos
los tomates
un error
Nuestros cementerios, un error
Viajar con impermeable, un tremendísimo error
El paradero de los catalejos, un error
Inventarse un romance con la sombra, un error
Su nombre perdido en un tren nocturno, un incalculable error

Has asistido al nacimiento de un

Has perdido el único hilo que escupía a la

Has quemado el cielo de

Has hecho una jungla y dejado vacías a las fieras que la

Has sido testigo de un jarrón aplastado por la pata de un

Has contemplado cómo tus pies se vuelven

Has olvidado al despertar cómo pronunciar tu

Has enjabonado sus manos antes de enterrarlo

Has llorado dentro de una

Has pasado noches

Has dicho

¿Y te quejas ante una insignificante astilla de bambú?

                                                        la
                                        caída   de una
trecientas   escama
                                                              atarla
              tres   a la punta de su
aceitunas   una inundación en
                       el   oreja
en la cicatriz   el interior
       una libélula   sin cuerdas
enamorada de
sus párpados   entierro de un   junto a un
                      gato pelirrojo   tarro de azucenas
mediterráneo   cortejo   repose profundo
entre sus uñas   entre
                      la promesa de   las
                      un   pesadillas   que
                                         un felino
                              un
                      aullido   liebre o
                                         humano   hum   o

Lista de palabras que, al ir reposando unas junto a las otras,
hacen que uno se equivoque en el acto:

Cruzar un semáforo en rojo
Arma blanca
Nacimiento
Tarjeta o efectivo
Un acantilado lo espera
Reposar debajo de la sombra de un ciprés
Recordar debajo de la sombra de un olmo
En un rato te veo
Alargar las vacaciones
Remar debajo de la sombra de un manglar

La lista funciona si la llega a canturrear:

Aquel que dispara flores y semillas de linaza en
    campos de ortiga
Aquel que hace crecer las grietas en la pared y ventila
    las habitaciones enmohecidas
Aquel que traza línea a línea los arrecifes, los diseños
    de la piel de los peces, los agujeros azules
Aquel que salpica brisa

Si aún no lo ha visto pasar, ni lo invoque
    Vendrá como un taladro recitando vuestro nombre

SITIOS CHUECOS

Una cabaña azul, viuda, triste, callada
Dos chimeneas que nunca prendían
Un librero ocultando el cielo
Miserables escaleras para pies gordos
Tres leopardos amantes del aserrín

El camino del polen que se impregna entre las faldas junto al
poso, dos diarios de terciopelo mi cuerpo, una celda de musgo
y piedra luna, quiero oírte imitar un sitar, voltear una moneda
y hacerla aparecer dentro de una olla, convertir cajetillas en
sonajeros, quiero oírte aparecer detrás de la puerta que da al
patio de las cuatro entradas, despertar el agua, llenar tazas de
tierra y bebértelas por los bolsillos de lino

Todos los días, lluvia tejiendo plantas
Todos los días, una lista de encargos excepcionales
Todos los días te asomas a vender manteles para nunca sentarte
a la mesa
Todos los días me cuentas que del cielo las nubes escupen
    destinos y que son los verdaderos periódicos a donde ir
    a buscar el primer trabajo, la primera tragedia, el primer
    impacto

AGUA SALADA EN PORQUEROLLES

Aquí fue enterrado un rey confundido por un temible corsario
Aquí un hombre huérfano declaró a las fugaces luces el amor a
  su madre
Aquí temblaron en silencio las raíces de los pinos

Este sitio está sediento de pisadas
En su punto más alto, las barcas forman un espejo con el cielo
A un par de plumas, el viento hace componer una canción   y
  la toca   sobre la piel del que se conmueve por los guijarros
  en los caminos.

Llego a la conclusión de que probablemente sus habitantes han
decidido irse al mar
Caminatas largas
Incómodos sudores y perfectas depuraciones
Cuesta desprenderse de la última capa de invierno

Con las siguientes instrucciones será imposible equivocarse:

Avance tres pasos hasta el borde y compruebe
su respiración cada cinco minutos
Reténgase al caer

Vuélvase transparente y después morado
Flote sobre la casa de los girasoles sin invitación
Sea inútil para ser impecable, tenaz e insoportable.
Vaya de la x a la b y regrese a contarle a su abuela que no
encontró una lechuza
Trate de leer lo indeleble sin desvanecerse
Use las lentillas de un lagarto cada domingo
Retenga la comezón
No se haga amigo más que del relojero
Avance usando la dirección de su corazón estafador
Pruebe lo improbable: comida de aviones, papillas de bebé,
escupitajos accidentales, la lluvia en agosto, cachiporras, una
mejilla llena de arcilla blanca

Retenga ninguna consideración

Quizá necesite usar cantidades exageradas de
canela y jengibre para calmar los nervios

Andará como un gorrión portando la medalla del mayor impostor

Le estima,
el cerezo a orillas del plexo

ERRORES VAGOS

Horizontes que brotan como la huida de un bandido
Las manos en alto y escribir con el cogote
Ir atado sobre el borde del glúteo de un animal de arado
Las tardanzas bienintencionadas e ir de cabeza dentro de un
metro cuadrado
Capturar un par de botellas de los baños persas
La tez sin arrugas de Osiris
Cráteres en las mejillas
Un ramo de musgo
Partes del cuerpo dislocadas
La boca llena de niebla, ojos de zopilote, una garganta rellena
    con cubos de hielo, cuatro pares de pies clavados en las
    tormentas
Volver a preguntarle a Dios sobre la vejez

Amar a otro antes que a uno mismo

Los pétalos de la camomila

Entrar en una pileta y confundirla con el mar

Hornear magdalenas sin azúcar y crear un ejército
de ellas para que le lloren las penas

Querer desenredar un seto sin que se lo haya pedido él mismo

Querer meterse en un buen lío para cuando el lobo
aparezca llamar a un leñador sin antes haberse
cerciorado de sus horarios laborales

Las esquinas sin barrer

Errar sin tocarse antes el pulso para comprobar si usted sueña
o en verdad se ha convertido en una gaviota con una sola
pluma en la cola

Preguntarse si aquí falta algo

HECHIZAR

CANTO A OSIRIS

Trozos de madera cerca del sol
La cítara de cuerdas flojas cerca del sol
La piel verde y negra cerca del sol

(vuelve, amado hijo, lento horno celeste
vuelve, amado hijo, una pantera sin piel
en tu boca los narcisos crecen)

Palabras divinas hilan su barba cerca del sol
Pan, leche, vino, aves de corral, mirra, una cueva

Lamiendo pistilos
caen lágrimas en mi pergamino
cerca del sicomoro

(vuelve, amado hijo, sosteniendo un ocaso
vuelve, amado hijo, una aurora sin estrellas
en tu boca los narcisos crecen)

¿Dónde termina el vuelo de los pájaros?
El cascabel de una serpiente de tres cabezas te lo dirá

¿dónde termina el vuelo de los pájaros?
En la semilla de un dátil

Estela dentro de una vasija de arena

Viajé en el tiempo dentro de un plumero puntiagudo

Viajé enfermo ligero sin vísceras

Viajé dentro de un cubo de agua

Viajé enfadado olvidando los quince motivos de mi enfado

Viajé alas secas y rostro de pantano

Viajé no llamándome Dios sos

Viajé disfrazado de gotera pero la esfinge reveló mi secreto

Viajé custodiando la mejilla de un ángel

Viajé aclamando poesías serpiente poesías ruina poesías
desvaneciéndos

la neblina   de las almohadas,
                          movimiento como las rocas del valle
          puedo vernos caer en
                          sus alas que abarcan campos de trigo y
sus garras tan profundas, hirientes, precisas como el beso de
Anubis   las lágrimas
elaboran pergaminos

                                                    sobre el
papiro las estrellas

VASIJAS

hacerse un león de papel dedicado al Dios de la necrópolis
hacerse una tumba con los ojos cerrados
hacerse un baño hasta dejar que el vapor seque las grietas
   percutidas por el aleteo de las mariposas
hacerse mayor, el dios de la momificación
hacerse el dormido mientras las esculturas, en su hora de
   lectura, leen las   inscripciones de izquierda a derecha

                                                    (lechuza)
descuartizar un papiro
descuartizar el cántaro de aceite
descuartizar a Seth
descuartizar al sol, volverse sombra
descuartizar la máscara de la tumba del gobernador

                                                       (ojo)
envuelto en tejido de las dos colinas dedicadas al hombre
   que, al amanecer, levanta con un beso a su junco
envuelto en pan el faraón pasea esparciendo migajas por el
   firmamento
envuelto en furiosa sed se convirtió   en una apacible pantera
envuelto en mujer anduvo cuarenta noches caminando hasta
   Nubia, cosió un mantel con su nombre y resistió   la
   picadura de la flor
envuelto el trono en cuernos de vaca decidió   que era hijo y
   mendigo

                                        (corazón y tráquea)

Inscripción debajo del busto de la reina como Hathor:

caótica
vaca
Luminosa   estela tallada
cunas perlas

La   señora   está   llena   de gloria

la miel pasea   por tus jardines
Bribones
Aquellos que   duermen   ,
las lámparas de aceite de escarabajo   al
alba borran   las estrellas
los escondites de
las tortugas
están a la espera de su marcha
El mar espera
cantando   lamiendo   los picos
celebra   la vuelta
de nuestras almas
Brillan   los caparazones y   una   fiesta
se posa solo sobre las   delicadas
que aún no puedo nombrar

Vino Isis
estallaron las estrellas en mil pedazos

Vino Anuket
        emanó   mi pecho abierto, una catarata

Vino Hathor
besó a Isis en los labios y cocinó para nosotras una oda a la
    precaución

Vinieron treinta y tres ancestras
estallaron las estrellas en mi bolsillo

Ayer me saqué una espina de la planta del pie
porque llovió
porque anidaron cinco cabezas de toro
porque entre la nube de aserrín
vi su voz formando una cara apretujada

Ayer dos noches marchitas aparcaron en los bancos mojados
decían que temían a un péndulo
decían que se podían constipar de tantas luces
decían que todo grillo es un vidente
me acerque a hablar, amaneció

Ayer dije sí
sí a la arena como límite del mar
sí a las hojas en espiral como navíos hundidos
sí a las monstruosas ruinas como cofres de lodo
Egipto es un velero

El desierto es uno de los quince banquetes de Dios

El desierto es uno de los quince banquetes de Dios

El desierto es uno de los quince banquetes de Dios

El desierto es uno de los quince banquetes de Dios

El desierto es uno de los quince banquetes de Dios

El desierto es uno de los quince banquetes de Dios

El desierto es uno de los quince banquetes de Dios

El desierto es uno de los quince banquetes de Dios

El desierto es uno de los quince banquetes de Dios

El desierto es uno de los quince banquetes de Dios

El desierto es uno de los quince banquetes de Dios

El desierto es uno de los quince banquetes de Dios

El desierto es uno de los quince banquetes de Dios

El desierto es uno de los quince banquetes de Dios

El desierto es uno de los quince banquetes de Dios

Amuleto

    granada

                                     preparar
        al mar   todas las heridas
preparar   la sal
el cerebro   ¿sabrás distinguir   una barca
con remos de lotos?   más allá   libre

LA PLAZA DE LOS TRES ESPÍRITUS

Huesos secos
leones   catorce velas
escuché   lamiéndolos una   de cera
y otra vez   traídas
el canto   de Alejandría
del vientre

Lugar flotante   aquí
árboles,   a este pasadizo   yace la cabeza
sobre una   de César,   el
fuente   dos   ojo de un
calles   troyano, el
zapatos y   ocultan su   cascabel de la
carruajes   entrada   octava serpiente
horas vigilando de Cleopatra,
por aquella   aliento   una libélula
escondida   un puñado de   clandestina,
plaza   cabellos grises   gotas verdosas
escribía sobre   lugar flotante   siendo paloma   se escurren
la minúscula   tres grandes   s
espíritus la
guitarra las   mecen a ella,   bio
sollozan   s
campanadas   pisando un
de la hora de   talismán
las cigarras

Inscripción de la estela octava del pilar catorce, columna dedicada a la corte de Hatshepsut |
Día seis Rayo|
Luz de mediodía

[Vapor]   Los nombres   brotan en el nacimiento del río

[Vapor]   El andar de una reina vestida de anciana

[Vapor]   La (invocación) escultura que representa tu figura emergiendo de entre las cumbres de un día, arena movediza

[Vapor]   Quince copas de pluma de halcón

[Vapor]   Los niños, los lirios, las cuerdas del músico borracho en pétalos

[Vapor]   La reina camina aclamando tu corazón

La noche desaparece
Carne junto a otra carne

(Invocación) los peces que duermen y buscan al cocodrilo que a su vez busca un sitio donde el fuego continúe aleteando

El corazón renace en la punta de los dedos del dios Meruel

(Entonces) recoge con tus ojos entintados, las montañas de un día, las aldeas fabricantes de ladrillos, las apuestas   y encuentra la ausencia

65

RECETA PARA ENVEJECER

Té de manzanilla cada día

Saque todas las plumas de su cojín y rellénelo con orejas de
conejo

Té amargo cada día

Pellizque un pezón al Padre del Terror

Vacíe el mar con un suspiro

Interrumpa el sueño de la estatua que custodia los aposentos
del tigre

Espumeante té cada día

Vacíe el mar en tres copas de estaño

Confeccione un vestido utilizando ropas de otros muertos

Té solo cada día

Róbese a usted mismo

Té de violín triturado a las orillas del estanque de los
despechados

Tome consejo de una esfinge

Ante todo, té cada día

Desde mi silla todo brota   de sus mangos
vientos de su respaldo un nuevo canal   el
agua bañará   las faldas de Nubia
          ancianas   preparan las plegarias
               aún   atento a la sorpresa   me
incorporo   tierra ocre
de monstruos insectos garzas y soles

Un reloj se cae de la risa por no cumplir las órdenes del hijo del soL
En la tierra, un reloj de arena naranja, las pieles de sus naranjoS
Habían sido trituradas. Un reloj de arena dejÓ
A todo el pueblo suspendidO
Un reloj detenido por uN
Calamar celestE
Un reloJ
De arena calcinadA
Bocado. Un reloj sin tiempO
Un reloj creado con las uñas de Teti. Un reloJ
Que él confiaba corriese como un oráculo. Las venaS
De sus manos comenzaron a dibujar los planos de su tumbA
Un reloj se cae de la risa por no cumplir las órdenes del hijo del soL
En la TierrA

Despertar un grillo en penumbra

Atrapar al desertor entre mis manos

Convocar el alfabeto del sol

Yacer sobre la trampilla por donde beben los perros

Morder moscas

Dejar a las estatuas bailar por los atrios

Llorar mirando amanecer   la lengua del río

Verter aceite de camellos   mariposas sobre las
cunetas

Hablar   Egipto una noche   el dedo
de una cigarra   bebíamos
                  los peces   querían
correr a contar nuestras historias al valle

                    (papiro de la barca de Nefertari)

Ardea Cinerea dijo a los hombres:

Tú que estás tejiendo pensamientos y no latidos

Tú que despiertas con la nuca sudada en oraciones incompletas

Tú, de cabeza deshecha en restos de arcilla amarilla

Tú, huesos que temen los pilares de granito

Tú cuyas costillas aún tienen adheridas las marcas de las risas

Tú que te escondes entre los telares de una araña

Tú que cazas luz solar y la vendes en los mercadillos sin
    autorización, sin rostro, sin manos humanas

Tú que engañas para no regresar a tu trono de piedra
calcinada

Tú, humo al que se le permite el ascenso junto a los vendajes la
fiesta está en el subsuelo

Tú, porque solo al humo se le permite el ascenso

LA TETERA DE PLATA

Me hierve la sangre invernadero y cascada, una tarde
quemando garrapatas vino una serpiente a salvarme, ella ríe
y come ostras, toma los domingos como aperitivo alcachofas
para mejorar la circulación de su cascabel, cenotes para
mudar su piel, cuerdas de vísceras de venado para hacer
sonar sus colmillos

Mientras yo como flores, hurto jardines de peras espantadas,
estornudo delante de las estelas incineradas por los troyanos,
recolecto nenúfares y sollozos de los muros impenetrables de
tu alcoba

Los sacerdotes duermen sobre altos edificios sin saber a
quién sirven

No sé de semillas, pero sí de los olores que expelen, quiero
comer y servirme banquetes debajo de tu túnica que dibuja
una sola nación. «Del lado de Dios me subo a su carruaje!»-
gritó el hombre del templo de los cuerpos mutilados
invernadero y estallido, mi cuerpo quedó tendido en el suelo
lamiendo polvo amarillo

En el cielo estas idas y venidas que tiene mi corazón son
como madera de fibras nobles, el cotilleo de los ángeles, la
contestación de las nubes a mis búsquedas «Sé la tierra. Sé
la voz de todos los pájaros y el zumbar de cien abejas. Sé
el campo, agua fría o caliente, no importa» la mujer es un
invernadero que alberga locura y miel

Albergue   cinco mil cantos y dos fondos
marinos   mis ollas siempre llenas suenan
                    no paro de hablar   se
tornan de verdes a amarillas   trigo   piedr   a
cueva de los bandidos, detengo la lengua al filo de la cuchara
          mis palabras en una diana   flores y hormigas
          el aliento y las almohadas   mis escondites
     sobre la lengüeta una cuna de lentejas
columpio   siempre

deshilachándose

TEXTO RECUPERADO SOBRE EL ARTE DE LA SEDUCCIÓN EN LA DINASTÍA VI

fuertes

entre cerezos creando

pies de   frutas   uvas
de Sohotep   Nebty   botones
                                           Hasta las rodillas

los encuentros furtivos los   cajones
                                               oscuros
                                  con nuestros llantos
Traemos   dos tierras

cera

RECETA PARA EL LIBRO O PARA MÍ

1.Un tarro y dos corcholatas

2.Veinte pies baúles de piel de cigarra

3.Portafolios de cáscaras de plátano

4.Timbres emulando un coro de niños disfrutando paraguayos

5.Hojas de romero que aplauden cada vez que ven tu rostro

6.Siempre necesito de ti

7.Altero, atravieso y saboreo la sopa de papa

8.Un tomate exprimido en tu barriga

9.Entorpecimiento colateral extremo (para esto necesitas a un experto)

10.Que doble las manos, persigne al viento y lo acueste a dormir mientras se escabulle con un ramo de claveles

11.Después, un mes con la cara ardiendo

Si me apresuro

Si no me distraigo

Si dejo de ser una intermitente mecha que sola se prende y apaga

Si vuelvo a murmurar jeroglíficos

Si confundo un entierro por un gran templo

Si apago la vela que ha ardido tres de mis años

Si es por esto que eres una hundida cámara

Si piso una corriente antigua de líquidos maternales

Si brillo en medio de la muchedumbre

Si es por esto que eres un catalejo

Si me repito revolviendo la cesta de túnicas llenas de insectos fluorescentes

Si es por esto que eres un desierto

Si descubro que dejo de huir, Abu Ballas volverá a llenar mis bolsillos

¡Déjen de traerme noticias de mi cuna roja!

Pañuelos de campos de grillos
Churros, chanclas, charlas entre comales altaneros

¡Déjen de traerme noticias de mi cuna roja!
Me asfixio entre los pintalabios de las sacerdotisas
Aplastan cochinillas homicidas de alimañas sin darse cuenta
    de que las sabandijas son ellas, ese séquito de uñas
Ojos de gato
Jorobas sudadas
Esas Rabinas cuentapestañas preparan al niño para la tumba
Apenas respira y preparan su enterramiento

¡Déjen de traerme noticias de mi cuna roja!
Mezclan en sus postres lágrimas de Keops
Endulzan los manteles de las cortes
Fríen lotos morados

¡Déjen de traerme noticias de mi cuna roja!
Confunden las telas, el almidón, los músculos, las capas de
    arcilla, los bustos de otras reinas defraudadas, las cámaras
    trampa, los huesos de sus amantes rotos
Lo confunden todo en cuanto te ven sonreír
No pises estanques de víboras ahogadas

¡Déjen de traerme noticias de mi cuna roja!

          los pies del obelisco   refleja
     n   una puerta ondulante hacia un abismo
     bolsas llenas de estatuillas y papiros palpó el borde
                                        el faraón
ordenó   rezar catorce días,
catorce ofrendas   cristales
               delicados
en secreto   contó
               una paloma   le
preguntó su nombre contestó: Desierto

Vuelo de noche, avisto corpiños puntiagudos

Vuelo y cada salto es un grito que va arrullando

Los ciruelos de mis axilas rotas

Vuelo sobre frágiles cajas de cartón

Vuelo volviéndome un infernal despertador mientras la calle,
la azotea o el subterráneo sean prohibidos

residuos de mi biblioteca

Vuelo solitaria, despedazando almohadas, colchones, frutos secos y

Vuelo mientras mi cama sea el naufragio de cartas hechas a
mano, marionetas y el silencio en los vagones   .

Vuelo en hora punta

Vuelo acechando rieles rechinando trayectos

Vuelo y soy la tinta atrapada en los pequeños botes de vidrio

Vuelo y seré arroyo de una sola tempestad, vuelo a la
intemperie, los dedos   cubiertos en rocío

Vuelo de noche, avisto la piel de una gacela y una peluca con cal

Vuelo temblando

nube espesa

Vuelo sobre los postes de luz hasta una cabaña que dentro alberga una

Vuelo sobre los postes de luz hasta una cabaña que dentro
alberga una nube espesa

Vuelo hacia el desastre

Los hoyuelos del retrato de Ramsés

Vuelo hacia el desolado oasis

Soy una pluma continental, la inmortal cuchilla del cincel

caigo en el manto azul, el cielo es otro desierto
Vuelo y vuelo
Caigo

INICIACIÓN

¿Qué hiciste cuando todo quedó inundado?
Escribí sobre el origen, sudé jugo de coco, escribí sobre mi
memoria
Expulsé por un folículo de mi axila 15 yermos; no eran míos,
pertenecían a dinastías corruptas
Palpé los límites de mi avaricia

Me proclamé dueña de una rosa, un navío hecho de caracolas
Cancelé toda pretensión faraónica
Exorcicé a una hormiga

Devolví la rosa a su enredadera al escuchar las
instrucciones de Tutmosis
Calqué el perfil de mi alma
¿Y qué hiciste cuando Ra salió de la cabeza de su madre?
Escribí el nombre de mi padre al revés
olvidé todo olor, sabor

Mi columna serpenteó, me arrastré bebiendo tierra, cal,
viento, esporas fui una lombriz que recorre milímetro a
milímetro la piel de su huésped cuando el sol brotó, olvidé
que fui dios de noche, escribí al miedo una elegía
Comprobé que esos días, dunas, estrellas, camellos y
huesos anidan en mí
Fue así como, sin explicación, el pavor a perder los desiertos
huyó de vuelta a su escondite
El fondo de una olla de cobre

RUNAR

Inflexiones de duna:

algaida   médano   arenal   montículo   sombrero
de paja hecho por un airón   cuenco   de cobre   las
arrugas del intestino   cerámica de la dinastía   el
cincel   la huella del cincel   algaida   médano
arenal   montículo   temblorosas damas adorando la
estela que contiene tu perfil   los recintos del faraón
la cama suspendida del sacerdote   excrementos de
tus caballos   camellos   leones   algaida   médano
arenal   montículo   tambores   esfinges   círculos
amputados   chichón de la tierra temporal de grillos
el firmamento intentando emular una puesta de sol
algaida   médano   arenal

Veo runas mientras lío cigarrillos
los labios en el papel celofán y el
cartón al enrollarse producen las
mismas rutas que las pisadas de
los camellos sobre la piel del
desierto

Veo runas a la hora del almuerzo mi piel es una cantimplora en el desierto de Atacama, ven a verme

Veo runas en mis manos, las rutas incomprensibles que se ríen del viajero novato lloran, mueren o entre todas deciden volverse el pastel de merengue de un payaso

Veo runas clavándose en mi
carne, las clavículas
contracturadas continúan el
mapa hacia ellas se adentran
entre los matorrales donde un
lobo sediento le espera

Veo runas que tenga
buen día el despido es
una runa como la ruina
de un templo druida
Veo runas despierta y desnuda,
dibujo sobre el cristal limpio un
par de ciudades muertas, placer
de antigua cáscara de
derretimiento ante el olvido
Veo runas entre mis prisas,
la aceleración y el
nacimiento, ellas son como
mi pulso intermitente,
escurridizo, octagonal,
estacional, amorfo, preciso,
infinito

Veo runas despierta caminando en la orilla de los
tejados añorando un concierto de gruesas ranas
inaugurando en las alturas de esta ciudad
un oasis

Veo runas al sostener la mirada de un extraño sedoso,
acuoso e intrépido pase un corsario recuperando un
tesoro, una travesía sin garantías y el aplauso de una
madre que ve a su hijo volver a casa

Veo runas meciéndose entre los pendientes de oro, la
plata a las monedas, el estaño a las copas y el cristal al
catalejo que te regaló otro explorador del desierto

Veo runas en el rocío suspendido en mis lagrimales
aquello que no tiene principio aún ni final explícito
como el hilo tornasol de una araña

Veo runas agujereadas en el pasaje remoto de la
caminata nueva para llegar a un mismo sitio

88

Veo runas y dejo de verlas, no son
ásperas ni rugosas, mientras espero
al siguiente autobús caminan con
tacones son el intento de fuego con
su fricción, punta, talón son el sitio
que espera que las cosas vayan y
vengan

Veo runas cuando apago la luz,
polvo morado impacando al blanco
corrientes caprichosas la constante
pregunta de quién las mueve,
presuntuosas motas de polvo, los
espasmos, el vómito, la lengua de
Kali

Veo runas dentro de mi garganta
apretada, apretada cremallera,
apretada cueva, apretada caja que
embala una antigua corte gobernada

Veo runas dibujando bosques
quemando umbrales o ardiendo en
ellos así es como uno llega a quedarse
ciego y aprende el lenguaje del secreto
amante

Veo runas torcidas, abanico que esconde una cara tropiezo con un
callejón vago entre el conocimiento del estómago de un gato las tardes
de lluvia debajo de un puente que es un vagón, todas las runas son un
acordeón

Veo runas al volver a cerrar mis ojos detrás de los marcos de
   aquellos retratos
y debajo de las caracolas se vuelven dialectos aparatosos que
   apuntan a una
verdad que se escurre como el aceite de las sartenes

Veo runas en el andar de las palomas dentro del subterráneo las
    veo correr
detrás del eco precipitándose al riel devoradoras de
    conversaciones perdidas
entre el choque metálico

Veo runas revoloteando de punta a punta meditando y paseándose entre el cemento se acercan a los ancianos que sostienen periódicos con

Veo runas en los sollozos de los niños con
impermeables ante las primeras lluvias o en
aquellos que pisan torpemente las flores
desprendidas en prematura premonición

Veo runas exhalando aire tóxico, serpientes muertas, ríos de licores, músicos embriagándose y un asiento en primera fila del

Veo runas cuando el mirlo revolotea las hojas de primavera
    debajo de mi cama,
en las montañas del intruso polen y los viernes en el cesto de
    basura recién
vaciado

        Veo runas en las alcantarillas, dentro de los
        gritos de la vecina, entre los tarros de basmati
        y sobre el reloj

Veo runas y plásticos sobre
el suelo, aparecen como
máscaras mortuorias, naves
negras, arrugadas, usadas
veo runas en los bustos de
reyes robados Nefertiti
aparece en esta última bolsa
de basura

Veo runas tomando el sol de
ocho inviernos, treinta leguas,
sesenta pasos pisando dunas
dejando un camino abrasador
¿quién las conoce mejor un
niño o un vidente?

Veo runas que saltan de loto
en loto y extienden sus
lenguas hasta tocar las alas
de sus amantes, sacuden la
claridad y despiertan a
Narciso

Veo runas siempre que no
quiero verlas estallan detrás
de mis pestañas se juntan a
tomar té de jazmín vuelven
con los olores de la ciudad y
cruzan las piernas mientras
cuentan la distancia de
tres mares

Veo runas metidas en un
contenedor que forman un
montículo de señales
descartadas por videntes
analfabetos

Entiendo el lenguaje de las piedras sobre los estanques

Deletreando arrecifes, construyendo panteones, barriendo
sangre y maldiciones

Las piedras se estremecen también

Van todas juntas calentando los aposentos, las ruletas, los
parajes y los delirios

Las piedras ríen por las paradas de autobús a las que siempre
pretendemos llegar

Las piedras son sirenas, estacionamientos, cocinetas a
medio bosque, familias enteras de pitonisas que leen los
movimientos y dibujan en sus rostros la cara de Dios

De niña solo separaba de las lentejas los guijarros

Entiendo el lenguaje de las piedras penetrando estas tierras

De niña solo separaba de las lentejas los guijarros

ÍNDICE